para
ressignificar
um
grande
amor

# para ressignificar um grande amor

joão doederlein
@akapoeta

parela

Copyright © 2021 by João Doederlein

A Editora Paralela é uma divisão da Editora Schwarcz s.a.

Grafia atualizada segundo o Acordo Ortográfico da Língua
Portuguesa de 1990, que entrou em vigor no Brasil em 2009.

CAPA Letícia Naves – Estúdio Bogotá
ILUSTRAÇÕES DE CAPA E MIOLO Anália Moraes – Casa Dobra
PROJETO GRÁFICO Estúdio Bogotá
PREPARAÇÃO Lara Cammarota Salgado
REVISÃO Luciane H. Gomide e Adriana Bairrada

Dados Internacionais de Catalogação na Publicação (CIP)
(Câmara Brasileira do Livro, SP, Brasil)

Doederlein, João
    Para ressignificar um grande amor / João Doederlein. – 1ª ed. – São
Paulo : Paralela, 2021.

    ISBN 978-85-8439-183-7

    1. Amor  2. Literatura brasileira  3. Poesia brasileira  4. Reflexões
I. Título.

20-49525                                                CDD–869.8

Índice para catálogo sistemático:
1. Reflexões : Literatura brasileira  869.8

Cibele Maria Dias – Bibliotecária – CRB-8/9427

*1ª reimpressão*

[2021]
Todos os direitos desta edição reservados à
EDITORA SCHWARCZ S.A.
Rua Bandeira Paulista, 702, cj. 32
04532-002 — São Paulo — SP
Telefone: (11) 3707-3500
www.editoraparalela.com.br
atendimentoaoleitor@editoraparalela.com.br
facebook.com/editoraparalela
instagram.com/editoraparalela
twitter.com/editoraparalela

*dedicado a todos os amores e plantas que morreram por falta de cuidado humano.*

*todas as plantas deveriam morrer de velhice...*

*e todos os amores também.*

14 *apresentação*

17 o fantasma

48 a solitude

81 o reencontro

96 o relógio

117 e para o meu futuro grande amor

178 *agradecimentos*

# O fantasma

| | | | |
|---|---|---|---|
| 21 | não recíproco | 34 | amargo |
| 22 | desapaixonar | 35 | deslembrar |
| 23 | autossabotagem | 36 | afogar |
| 24 | doloroso | 37 | covardia |
| 25 | caminhada | 38 | carência |
| 26 | pareidolia | 39 | confusão |
| 27 | expectativa | 40 | falta |
| 28 | ironia | 41 | tristeza |
| 29 | apego | 42 | fantasma |
| 31 | desconhecer | 44 | supernova |
| 32 | estranho | 46 | comprometimento |
| 33 | perdido | | |

# a
# solitude

| | | | |
|---|---|---|---|
| 52 | solidão | 66 | melancolia |
| 53 | desistência | 67 | branco |
| 54 | recomeço | 68 | amigo |
| 55 | autoestima | 69 | gentil |
| 56 | amor-próprio | 70 | pertencer |
| 58 | sustentar | 71 | resgatar |
| 59 | solteiro | 72 | perdedor |
| 60 | força | 73 | respirar |
| 61 | lar | 74 | refúgio |
| 62 | olhos oceânicos | 75 | autocuidado |
| 63 | desorganização | 76 | impermanência |
| 64 | madrugada | 77 | vela |
| 65 | opção | 78 | aventura |

# o reencontro

| | | | |
|---|---|---|---|
| 84 | reencontro | 90 | inesperado |
| 85 | segunda | 91 | ruivo |
| 87 | rosa | 92 | vermelho |
| 88 | ancorar | 94 | ela |
| 89 | celebrar | | |

# o relógio

| | | | |
|---|---|---|---|
| 100 | amadurecer | 108 | mudar |
| 101 | rio | 109 | reconstrução |
| 102 | passado | 110 | bagagem |
| 103 | quase | 112 | relógio |
| 105 | pressa | 113 | instantes |
| 106 | resistir | 114 | coincidência |
| 107 | tempo | 115 | sinopse |

# e para o meu futuro grande amor

| | |
|---|---|
| 119 | parceria |
| 120 | flertar |
| 121 | diálogo |
| 123 | solidão acompanhada |
| 124 | amor recíproco |
| 125 | monotonia |
| 127 | propósito |
| 128 | dengo |
| 129 | chamego |
| 130 | sorte |
| 131 | relacionamento |
| 132 | apaixonar |
| 133 | conexão |
| 134 | presença |
| 135 | profundidade |
| 136 | sempre |
| 137 | casamento |
| 138 | nariz |
| 139 | corpo |
| 140 | encontros |
| 141 | reviver |
| 142 | fácil |
| 143 | partilhar |
| 144 | companhia |
| 146 | xodó |
| 147 | cativar |
| 148 | carinho |

| | | | |
|---|---|---|---|
| 149 | acreditar | 162 | pulmão |
| 150 | intimidade | 163 | grande amor |
| 151 | mergulhar | 164 | infinito |
| 152 | toque | 166 | cicatriz |
| 153 | motivo | 167 | escolha |
| 154 | cumplicidade | 168 | dependência emocional |
| 155 | alma gêmea | 169 | maturidade emocional |
| 156 | intenção | | |
| 157 | amor à primeira vista | 170 | cacto |
| | | 171 | espaço |
| 158 | expressar | 172 | cometa |
| 159 | unicidade | 173 | inércia |
| 160 | bonita | 174 | sabiá |
| 161 | resumo | 175 | metáfora |

# apresentação

**M**atilda foi meu último grande amor. E, como muitos dos amores por aí, ele teve um fim. Mas finais não são absolutos. O amor encerra, a gente não.

Nós continuamos firmes pela vida, porque a vida é uma festa — e o pior que podemos fazer é usar todo o tempo pensando em um convidado que foi embora.

É claro que seu nome me assombrou por muito tempo. Qual amor não deixa pistas espalhadas pela casa que são ocasionalmente encontradas quando estamos sensíveis?

Em *La Casa de Papel*, Tóquio me lembra que: "Quando se trata de amor, há sempre um relógio fazendo tique-taque". E ela está certa. Pessoas com relógios fora de sincronia se desencontram.

Matilda foi meu último grande amor. E, como muitos amores por aí, ele teve um fim. Mas o que fazer depois do fim de um grande amor?

Ressignificá-lo.

Seu nome ecoava na minha mente como uma assombração, cada pequena parte sua vivia entrelaçada nos detalhes da minha rotina e eu me assustava constantemente. Depois da história que nós dois vivemos, era impossível a saudade não me pegar lendo os nossos velhos capítulos. Eu sentia falta de você, Matilda, e quem me via vagando pela vida entre um compromisso e outro tinha certeza disso.

Depois que você se foi, o caminho da faculdade ficou mais difícil, metade do trajeto era o que eu fazia para te visitar. Seu cabelo rosa, que antes só você tinha, parecia ter virado moda da noite pro dia e dezenas de pessoas passaram a me lembrar de você mesmo sem saber seu nome. Naqueles dias tudo o que eu queria era não saber o seu nome. Mas eu não era capaz de esquecer.

Eu só percebi o fim muito depois de você ter ido embora. Nossa conversa se tornou um monólogo graças ao seu silêncio e à sua ausência. Como podia um amor sumir sem avisar? Minha mente inquieta, ansiosa e confusa se viu na mira de uma saraivada de questionamentos sem respostas. Com a precisão de Guilherme Tell, as flechas do destino perfuravam meu coração no mesmo ponto em que o cupido havia acertado antes, só que sem a delicadeza da paixão.

Eu tentei assumir culpas que justificassem a sua partida, mas nenhuma parecia real. Feito uma roupa apertada, eu não conseguia vestir nenhuma por muito tempo. Queria acreditar que as respostas estavam em mim e que eu poderia aprender com meus erros, Matilda. Mas eu não tinha nada. Nem culpa, nem você.

As memórias não me deixavam dormir. As lacunas não preenchidas me condenavam, e tudo o que eu podia fazer era definhar nos restos de um amor que morreu dormindo.

O som da sua voz fazia barulho de madrugada, e eu tinha medo de perambular no escuro.

# não *(adv.)*
# recíproco *(adj.)*

é falar com o silêncio de alguém. é
pensar em alternativas que não existem.
é uma das tristes peculiaridades do
amor. é um dos finais do coração. é
o risco de se apaixonar. é procurar
culpados e não achar nenhum. é o
constrangedor momento em que eu
disse que te amava e você não me
respondeu. é esperar por alguém que
não pretende voltar.

é quando um amor morre antes de existir.

# desapaixonar *(v.)*

de repente sua voz era só uma voz e o
seu sotaque não alcançava mais meu
coração, toda a poesia que eu via escrita
na sua pele agora era uma história que
acabou. é um amor passado que virou
um livro guardado na prateleira mais alta
da estante e um punhado de mensagens
arquivadas. é quando a memória que
tenho de você não pesa o suficiente para
impedir meu coração de levantar voo
outra vez. é estar pouco preocupado
em apontar culpados e mais focado em
curar a parte machucada dentro de mim.

é o encanto que acabou.

# autossabotagem

*(s.f.)*

é arquivar a sua conversa numa tentativa desesperada de te esquecer, mas nunca deletar, tendo certeza de que num momento de tristeza e saudade vou poder abrir para ler. é ligar para você num momento de fraqueza. é deixar o medo me convencer de que não sou capaz de fazer algo que treinei tanto. é quando a confiança é obliterada e vira pó. é um passo para trás. é fechar a porta da oportunidade. é quando a insegurança devora a nossa alma. é quando o passado derruba o presente.

é quando os motores engasgam por culpa do motorista e não do carro.

# doloroso (*adj.*)

foi te ver naquele aeroporto vazio e não poder te abraçar. foi ver o rosa do seu cabelo e ser tomado por uma saudade que eu não queria deixar entrar. foi saber que você decidiu ir para nunca mais voltar. foi fingir não querer te abraçar como se você não fosse mais o meu mundo. foi saber de cada uma das suas conquistas e não poder comemorar junto. foi ter que te dizer adeus sem olhar, sem falar, sem tocar, sem sentir... de longe, em silêncio etéreo.

é quando um amor acaba e vai embora sem te avisar.

# caminhada *(s.f.)*

é o sofrimento, o medo e a chuva que só você e ninguém mais conhece. é uma pessoa andando em direção ao que ela acredita. é aproveitar a estrada. é uma chance de olhar para os lados e admirar a vista. é a distância entre o primeiro encontro e o primeiro beijo; o primeiro amor e o grande amor; a entrevista e o emprego; o sonho e a conquista; o início e o começo.

é a verdadeira trilha. é saber que não existem mapas universais e que eu não posso pegar os mesmos atalhos que você. cada vida é a bússola para a própria existência, e algumas ruas cabe a nós construir.

# pareidolia *(s.f.)*

é enxergar um gato nas nuvens, uma pessoa no relógio da parede e uma garra nas sombras dos galhos da árvore. é ouvir coisas que não foram ditas ao escutar ruídos que tentam dizer algo. é ver patos de sapato, anjos e sapos. é ver pessoas em casacos pendurados no escuro da madrugada. é ouvir um "eu te amo" no "tchau" de uma conversa. é ver nós dois nas nuvens e achar que é um sinal.

ou seja, ver coisas que não existem.

# expectativa *(s.f.)*

é sentimento que cresce feito planta em uma estufa de ilusões. é flor que, se não é regada com cuidado, espeta. é o que ainda não aconteceu (mas pode acontecer). é sombra de tamanhos variáveis que segue nossos pensamentos durante o dia. as maiores, embora bonitas, assustam. é sentimento que pode dar frutos que variam da alegria à decepção.

é mais bem cultivada em dupla, com sentimentos recíprocos.

# ironia *(s.f.)*

é eu me sentir tão sozinho perto de você.

# apego *(s.m.)*

é eu ter me viciado em deitar na sua
cama, nas suas blusas de herói e no
seu jeito peculiar de fazer as coisas
sempre sorrindo. é às vezes um
erro de interpretação do coração. é
facilmente confundido com a paixão
e é um sentimento sensível à carência.
é um sintoma do amor. é o que me faz
procurar suas manias em outras pessoas.
é um passado que ainda chama o meu
nome quando fecho os olhos.

é uma saudade perigosa.

# desconhecer *(v.)*

é quando eu passo batido por alguém
que conhece a minha banda preferida,
o meu nome do meio e o endereço da
minha casa. é estranhar um perfume
familiar. é ouvir a sua risada e não
lembrar de nada. é a borracha que
apaga nomes escritos pelo destino. é
um abraço sem encaixe. é a dor de saber
para sempre que não seremos mais o que
um dia fomos.

é quando memórias entram em coma.

# estranho *(s.m./adj.)*

é você ser a pessoa com quem mais troquei mensagens e palavras de amor e hoje eu ter receio de sequer mandar um "oi". é esta casa estar vazia. é não ter sua toalha verde pendurada ao lado da pia. é a minha alma não reconhecer meu corpo. é manter as aparências depois de um beijo que não encaixa. é dizer que ama, mas não agir como se amasse. é a constante sensação de saber que algo está errado e eu não descobrir o quê. é um relacionamento passado que envelheceu mal. são duas pessoas que se conhecem, mas silenciosamente decidem não se conhecer.

eu preferia quando "estranho seria se eu não me apaixonasse por você", mas hoje em dia estranho é o que somos um pro outro.

# perdido *(adj.)*

é estar numa ilha envolvida em águas desconhecidas. é uma pessoa intensa no meio de amores frios. é estar cercado de pessoas e se sentir sozinho. é duvidar da bússola da intuição e perder um amor de vista na multidão. é olhar para os lados repetidas vezes buscando abrigo onde você sabe que não tem. é procurar vaga em estacionamento lotado. é esperança sem força. é um apaixonado desacreditado. é uma criança no mercado. é um pássaro na gaiola.

é beijar você e não te sentir beijar de volta.

# amargo *(adj.)*

é o sabor de ser obrigado a te
desconhecer. é a casca do limão, a
cobertura do bolo e o triste da vida. é
deixar a mentira dos outros passar pelas
barreiras do meu coração. é o gosto
peculiar do chocolate que você me dava
no dia dos namorados. é o sabor de uma
vitória suja, de uma briga desnecessária
e de uma mentira dada. é me sentir
um fardo depois de ter sido amado.
é a sensação de te ver sair pela porta
da minha vida sem dar explicação. é o
gosto do seu sorriso falso que me fazia
acreditar no futuro de nós dois.

é quando assuntos mal resolvidos
deixam um gosto estranho na memória
mais doce que eu tenho.

# deslembrar *(v.)*

é um coração que atravessa o passado
e não leva nada com ele. é sonhar
esquecer. é uma necessidade rara que
acomete mentes inquietas e peitos
inchados. é algo que nem todo mundo
entende. é deixar para trás momentos
amargos sob o cuidado da poeira,
encaixotados e sem identificação. é
esquecer lembranças.

é impedir que o passado borre a alegria
do futuro.

# afogar *(v.)*

é quando não tem ar o suficiente no
nosso pulmão. é quando não tem amor o
suficiente no nosso coração. é a sensação
desesperada de buscar por algo escasso
num ambiente desfavorável. é uma
das piores formas de sofrer. é quando
mergulhadores mergulham em águas de
risco. é quando apaixonados encontram
amores difíceis.

# covardia *(s.f.)*

é achar que só porque suas mentiras foram bem contadas elas não irão desmoronar sobre a sua cabeça se você fugir. é quem tem débito com o karma. é se esconder das consequências pensando que ninguém te vê, mesmo quando todo mundo vê. é ser incapaz de assumir os próprios erros. é um pai que levanta a mão para a filha. é uma mãe que não cuida nem cria. é quem adota e abandona. é fazer alguém acreditar em uma culpa que não tem numa tentativa desesperada de se livrar da própria.

é dizer "eu te amo" sem a intenção de amar. é fazer o rosto de alguém tremer em lágrimas e espasmos. é regar um sorriso que você não pretende cuidar. é jogar sentimentos falsos no colo de alguém feito uma taça de vinho que mancha um vestido branco.

# carência *(s.f.)*

foi deixar você dizer que me amava,
mesmo quando eu sabia que era mentira.
é ter um ímã alojado no peito que busca
por sentimentos como se fossem metais
me empurrando em uma direção em que
eu não quero ir.

é quando a alma sente fome.

# confusão *(s.f.)*

é quando pensamentos se embaralham,
sombras viram pessoas e barulhos altos
não incomodam mais. é achar que sente
algo que não sente e dizer coisas que
não deveria. é amar a pessoa certa por
motivos errados ou a pessoa errada
por motivos certos. é o raciocínio com
ressaca. é mergulhar sem saber nadar,
voar com medo, tentar abrir a porta
do vizinho achando que é a sua e não
enxergar direito na penumbra.

é o momento mais fácil para tropeçar na
cadeira da sala, em pessoas estranhas e
em sentimentos falsos.

# falta *(s.f.)*

é o efeito colateral explosivo da saudade.
é quando memórias ardem e eu olho
pra elas mesmo sentindo dor. é um
espaço não definido entre o passado e o
presente. é guardar nossas fotos juntas
em vez de jogar fora. é agir como se você
ainda estivesse aqui e sentir o peso da
sua ausência a cada passo que eu dou.

é sentir seu cheiro em todo canto,
confundir você com pessoas na rua
e às vezes ouvir sua voz no silêncio
da madrugada.

# tristeza *(s.f.)*

é me despedir de você mesmo sabendo que você vai voltar. é quando a alma molha o rosto e as lágrimas desenham um sorriso que não dou há dias. é me sentir sozinho quando tudo o que eu quero é companhia. é ver meu avô chorar. é quando o coração pesa e viver é um esforço. é sorrir por hábito e não por escolha. é um sentimento anestésico. é quando a saudade dói.

é me despedir de você sabendo que dessa vez você não vai voltar.

# fantasma *(s.m.)*

é você que faz barulho de noite na minha
mente e, quando tento ver quem está ali,
ninguém responde. na verdade, você não
responde já faz tempo. era estar sozinho
num relacionamento e dar certeza para
todas as pessoas que me viam falando
contigo de que eu falava com algo
invisível. é ser o louco que vê um amor
ainda vivo debaixo dos sentimentos que
você enterrou sem contar para mim.

é um relacionamento não saudável
entre duas pessoas: uma que seguiu
em frente, mas fantasia sua covardia
de não saber dialogar e terminar algo
que juntos começaram um dia com um
"eu não queria te magoar", e outra que
claramente não foi avisada e passa a
madrugada acordada pensando "onde
eu errei?".

é viver de fotos antigas sentindo feito
presságio que nunca mais tiraríamos
novas. é morrer aos poucos na mão

da ausência e achar que é tudo uma
questão de ter paciência. é o vácuo que
havia entre nós dois: não era possível
existir vida na distância entre a gente,
constantemente num estado de expansão
que esmagava de saudade e de dúvidas o
meu coração.

é sentir saudade de quem não sente nada
por você, mas finge que sente.

é um fantasma que faz o papel de ator.
é uma assombração com nome definido
que arrasta memórias debaixo da cama
e não me deixa dormir de madrugada. é
uma decoração grotesca na sala de estar
da minha mente que chama a atenção
e me impede de pensar no futuro. são
pessoas que existem só para a gente e
que o resto do mundo não consegue ver.

é um amor que só a gente insiste em
acreditar que ainda está vivo.

# comprometi-mento *(s.m.)*

é nunca te amar menos do que eu digo
amar. é não prometer sem intenção
de honrar. é se dispor a mudar o que
é preciso mudar. é entrar em acordo
com o relógio. é criar expectativas com
o universo. é respeitar o seu tempo o
mesmo tanto que eu respeito o meu. é
cumprir com os nossos planos e avisar
com antecedência se eu for furar.

é quando as minhas palavras
correspondem às minhas ações.

a
soli
tu
de

Meses se passaram. Os banhos eram refúgios, a água morna fazia com que pensamentos difíceis amolecessem. Assim, fui capaz de entrar em contato com coisas que eu gostaria de dizer para mim mesmo, mas não conseguia. A solidão me ajudou a perceber que procurar por respostas que não existem é perpetuar o fantasma de um amor que também não existe.

Eu deveria parar de procurar o que responder e pensar no que perguntar. O que perguntar para a pessoa que eu encarava no espelho todo dia. Perguntar como ela se sentia e o que fazia o peito dela bater, se queria dar uma nova chance para o acaso e se ela realmente acreditava que havia algo errado no seu jeito de amar alguém.

O tempo sozinho me fez crescer, Matilda, e
eu nunca te contei isso. Buscar por coisas que
não existem é algo complicado, faz a gente se
perder em esquinas sem saídas. Mas foi em
uma esquina sem saída que eu decidi entrar
em outra casa.

Eu acreditava que o amor não me visitaria
tão cedo e que a melancolia havia anestesiado
a minha capacidade de sentir intensamente.
Mas não. Eu aprendi a me curar e percebi que
é possível dar pontos na própria alma.

Foi na companhia da minha solidão que eu
descobri o amor-próprio. E, depois de dois
anos, o espelho virou um amigo.

Foi no silêncio do meu próprio peito que
eu aprendi a falar de amor outra vez.

# solidão (s.f.)

é ver meus amigos tratando com carinho os amigos que temos em comum *e nunca receber carinho.* é estar numa roda de conhecidos com todos rindo de alguma história ou piada *e eu ser o único que não ri.* é dividir o guarda-chuva com quem esqueceu *e voltar encharcado quando eu esqueço o meu.* é achar que sou visto *e me sentir invisível quando mais preciso de alguém.*

é quando o tempo parece parar de fazer sentido e, apesar da melancolia, posso conversar comigo sem pressa. é quem às vezes se faz necessária para o amadurecimento humano (eu respeito seu papel, mas ainda não nos damos muito bem).

# desistência *(s.f.)*

é a paz de abrir mão do que me fazia
mal. é a única opção de um coração
amedrontado pela não reciprocidade e
pela dor da ilusão. é cair na real depois
de você me dar bolo pela oitava vez. é
cortar a enrolação pela raiz. é pensar em
mim e no tempo que perdi te esperando.
é cansar de acreditar nas suas desculpas,
que todas minhas amigas avisaram ser
mentira. é a sabedoria de deixar para trás
quem te impede de andar para frente. é a
dor de não encontrar mais os seus gatos, a
dificuldade de reaprender a minha rotina
e de reconstruir os pedaços da minha
alma que você atrofiou com seu medo de
assumir que não me amava mais.

é renunciar a cor do seu cabelo, o cheiro
do seu perfume, o sabor da sua boca e
você, que tanto me fere e me confunde.

# recomeço *(s.m.)*

é usar o passado de referência. é
não passar pelas ruas erradas duas
vezes. é uma chance de visitar novos
apartamentos. é acertar depois de errar.
é provar pro universo que aprendemos
algo. é aceitar que amores têm fim,
amizades acabam e pessoas mudam.
é mudar de cidade, de emprego e até
mesmo de amigos. é aposentar o tênis
velho, a blusa rasgada e o edredom
da infância.

é usar de uma nova chance.

# autoestima (*s.f.*)

é se apaixonar pelo som da própria voz
e confiar nos elogios que faz sobre o
que vê no espelho. é mesmo de coração
quebrado estar com orgulho inteiro. é
não precisar convencer a sua sombra de
que você é uma pessoa que merece ser
seguida. é fazer cafuné em si mesmo,
alimentar a segurança e apagar o fogo
da autossabotagem. é a semente do
amor-próprio.

é o que eu ensinaria para o meu eu de
quinze anos, para que ele parasse de
se sentir insuficiente para os outros e
passasse a se sentir suficiente para si.

# amor-próprio *(s.m.)*

é tratar a si mesmo com respeito. é ter
um bom relacionamento com o espelho.
é quando as pessoas te transbordam
em vez de completar. é se orgulhar da
pessoa que você é hoje. é ressignificar
as paranoias. é perceber que se aceitar
é mais importante do que ser aceito.
é andar de mãos dadas com o próprio
reflexo. é não fugir da própria sombra. é
se amar até mesmo em dias em que não
há amor.

é um guarda-chuva para dias de
tempestade interior.

# sustentar *(v.)*

é ter uma mente forte o suficiente para não ceder de forma absoluta ao medo, ao fracasso e aos dias ruins. é ter uma alma resistente o suficiente para segurar nossa história inteira nas costas, ano por ano, e viver o próximo com um sorriso no rosto apesar das lágrimas que já tocaram o meu pescoço. é quão firme é a nossa existência. é como um herói lida com as dores, e uma mãe, com as dúvidas. é não deixar cair.

é se manter de pé, mais firme que as raízes de uma árvore milenar.

# solteiro *(s.m.)*

é talvez não ter encontrado a pessoa certa. é pensar que talvez não exista pessoa certa, exista o tempo certo (e talvez não seja agora). é aprender a ser a sua própria "pessoa certa". é às vezes sentir falta de companhia quando os seus amigos todos têm alguém. é não ter a quem dar chamego nem chamar de dengo. é conciliar os desejos dentro do peito e entrar em paz consigo mesmo. é o nosso momento para cuidar da gente.

não é estar "perdido", é poder escolher qual direção seguir.

# força (*s.f.*)

é receber uma notícia ruim e
conseguir sorrir. é ver minhas certezas
desabarem e me manter de pé. é
sentir o sol nascendo dentro de mim
em dias nublados pela tristeza e pela
insegurança. é não me perder depois
de um amor que deu errado. é o que
me faz continuar tentando mesmo
pensando que já está tudo acabado. é
um sentimento abençoado pela coragem
e pela esperança. é a sina de quem não
aprendeu a desistir.

é a voz dentro de mim que silencia
o medo.

# lar *(s.m.)*

é a playlist que você fez para mim. é
aquilo que tenho vontade de ser para
você. é a casa da gente, a barra da saia da
mãe, o edredom fofo do próprio quarto, o
colo do nosso amor e o abraço da melhor
amiga. é onde a ansiedade me empurra
sem derrubar. é morar onde me faz bem.
é o nome que você um dia deu para o
meu coração. é o número da sua casa.

é a calmaria que invade meu peito
quando escuto sua voz.

# olhos *(s.m.)*
# oceânicos *(adj.)*

é um par de olhos tão profundos que carrega mais histórias do que um livro é capaz de guardar e contar. é a cor própria de quem tem presente no rosto mais do que janelas para a alma, tem duas embarcações que zarpam em direção ao infinito. é a força bruta, bonita e afetuosa da ressaca do mar que puxa meus olhos diretamente para os seus.

*e eu não consigo desviar o meu olhar.*

# desorganização
(*s.f.*)

é a chuva que alaga a minha rotina e
me afoga em procrastinação. é o que
me faz perder minha blusa no meio das
gavetas, a carteira em algum móvel e a
chave no banco do carro. é o epicentro
de uma tempestade que cresce
diariamente. é quem desequilibra a vida,
inverte as horas e me faz aposentar a
rotina. é o acaso fantasiado de hábito.
é esquecer o aniversário de gente
querida. é perder a data da matrícula. é
a teimosia de não anotar. é desleixo de
anotar e não cumprir.

é o que faz o esforço ser dobrado e as
noites serem viradas.

# madrugada *(s.f.)*

é quando pesa a saudade. é a mãe da ansiedade. é o palco dos artistas. é a casa que acolhe os corações quebrados, os rostos magoados e as histórias de traição. é o tempo que não passa, o ponteiro que goteja, o tique-taque que acorda, o celular que não desliga e a voz na TV que me faz companhia.

é quando o pensamento transborda e a gente luta para não se afogar.

# opção *(s.f.)*

é pipoca doce ou salgada, refrigerante médio ou grande. é dormir cedo ou tarde, fazer café ou não. é estudar agora ou depois, pedir desculpa hoje ou amanhã. é mentir ou ser sincero. é pisar na grama ou nas pessoas, dar bom-dia ou fingir que não existe. é arriscar ou desistir, falar ou ficar quieto.

era ter me dito que não me amava mais, que achava melhor a gente ficar um tempo sem se falar e dar um fim nisso tudo... ou só desaparecer.

# melancolia *(s.f.)*

é a tristeza com muito açúcar — fácil de engolir, difícil de se livrar — e vicia. é a sina de alguns artistas. é o precipício de uma mente sã. é a ponte que liga os abismos de uma alma firme. é ouvir as músicas que me trazem à tona nossas memórias. é uma tristeza azul, teimosa e, aparentemente, permanente. é ter olhos apáticos em um mundo cinza e não fazer questão de imaginar as cores. é a constante sensação de estar caindo sem gritar em um buraco sem fundo. é mergulhar nas minhas lágrimas e achar elas bonitas feito o mar. é tentar ver um lado bom até mesmo na tristeza.

é preencher com nada os espaços vazios e achar que faz alguma diferença.

# branco *(adj.)*

é o algodão-doce que cobre o céu. é a cor
do mar em que nada o castanho dos seus
olhos. é o voto do indeciso. é a cor que
não torna ninguém superior aos outros.
é o seu chocolate preferido. é quinze por
cento de um urso panda. são as conchas
que você catou na praia naquele dia e
depois devolveu para o mar. é uma folha
sem poesia.

é como quero te ver no altar.

# amigo *(s.m./adj.)*

é quem pega filas enormes ao seu lado.
é quem vai ao cinema ver um filme que
odeia, mas que você ama. é quem divide
os momentos felizes. é quem reclama
sem filtrar as palavras, sem medo de
ser entendido errado. é quem traduz
os nossos sentimentos quando a gente
já não sabe mais o que sente. é a soma
de todas as declarações espontâneas
e bregas de amor que já trocamos
bêbados. é saber o suficiente de alguém
para não precisar perguntar nada. é a
corda que me tira do poço.

é a família que eu descobri pelos
caminhos da vida.

# gentil *(adj.)*

é quem aprendeu a sorrir com os olhos
e a cativar com a voz. é quem vê o bom
de cada pessoa. é quem conforta com
a presença. é ser amigo das palavras
e usá-las da melhor forma possível.
é estender a mão. é quem não pisa na
grama para poder vê-la crescer. é quem
não pisa nas pessoas. é dar bom-dia
ao vizinho, ao porteiro, ao chefe e ao
cobrador. é uma alma delicada e elegante.
é um show de empatia. é educação capaz
de conquistar.

é o sentimento que nasce do bom senso
e do amor.

# pertencer *(v.)*

é ter certeza mesmo sem ouvir
confirmações de que estou no lugar
certo e do lado das pessoas certas.
é quando abraços são dados sem
movimentar o corpo, apenas com o
carinho mútuo existente no ar. é quando
a presença é convidativa e os sapatos
eu tirei já faz muito tempo. é quando
amigos viram família. é quando amores
são saudáveis.

é o que aterroriza a sombra da solidão
e faz pessoas se encaixarem.

# resgatar *(v.)*

é uma missão que busca alguém em
uma situação complicada. é o amigo
que me levou para casa de madrugada.
é a melhor amiga que me abraçou
quando eu mais precisava. é quando
as lágrimas escorrem em direção aos
lábios para tentar resgatar o sorriso que
perdemos. é quando o amor vira uma
boia salva-vidas para pessoas perdidas
no mar da monotonia e da solidão.

é quando, nos nossos dias mais sombrios,
o universo acende uma luz através do
corpo de um desconhecido que em
pouco tempo vira alguém especial.

# perdedor *(s.m./adj.)*

é uma pessoa derrotada pelas
expectativas. é alguém que não chegou
aonde queria, que perdeu o amor que
desejava, que se viu sozinho em meio
à multidão. é um Natal sozinho. é a
desavença interna da esperança com o
medo. é o fracasso de não entregar o que
sonhava. é perder o mapa da própria vida.

é se acostumar com a dor da queda. é
vencer o medo da falha.

é o que todo vencedor um dia foi.

# respirar *(v.)*

é um momento de descanso. é quando
os problemas ficam estáticos, a correria
se encerra momentaneamente e eu
sou capaz de recolher forças. é quando
o oxigênio irriga o corpo. é quando a
calma irriga a alma. é quando um abraço
prolongado vira uma conversa entre
corações através do movimento dos
pulmões. é quando estamos no telefone
com alguém que entende a nossa
intimidade. é o idioma do silêncio.

# refúgio *(s.m.)*

é o nome que eu dei para os seus braços
quando me envolviam em dias ruins.
era a casa da sua tia, apartamento 203, o
domingo de pizza e nós dois aninhados
no sofá. é um presente feito à mão que
recebi e guardo até hoje. é para onde eu
corria quando meu mundo desabava. é a
sua voz me dizendo que tudo ficaria bem.

é quando um abraço abafa o soluço do
nosso choro.

# autocuidado *(s.m.)*

é beber vinho na própria companhia.
é não fazer coisas de que não gosta só
pra agradar alguém. é flertar consigo no
espelho, se sentir bonito ao acordar e
aceitar que errado todo mundo um dia tá.
é deixar de cultivar amizades por hábito
e fazer por vontade própria. é parar de
arrastar pedaços do passado com a gente
(cansa e risca o chão do presente). é
excluir da minha vida pessoas que não
fazem mais sentido nela. é ser capaz de
abrir mão. é fazer cafuné em si mesmo.
é fonte de amor-próprio.

é um resgate.

# impermanência

(*s.f.*)

é quando sentimentos mudam e pessoas
crescem. é a prova da força que o tempo
exerce sobre todos nós. é quando o
presente discorda do passado. é a lua
que está mais distante a cada ano. é
quando rios secam, florestas nascem e
o mundo se reorganiza. é quando o caos
silenciosamente entra em harmonia.
é uma alma-água que muda de forma
diante da vida.

é aprender que amores não precisam
ser iguais.

# vela *(s.f.)*

é uma história de amor entre um que beija e o outro que se derrete quando é beijado. é uma história de amor com um final predeterminado, e eu me pergunto se eles viveram preocupados com o que viria ou aproveitaram a companhia finita e especial do seu amado.

"se dermos sorte, nenhum de nós vai sentir o fim. natural como um sopro, você vai viver pra sempre em mim."
— a vela disse para o fogo.

# aventura *(s.f.)*

é quando a gente existe de forma intensa.
é dar o primeiro beijo. é viajar sozinho. é
se apaixonar por alguém de outro estado.
é apostar no que é incerto. é seguir os
peculiares desejos do coração e mandar
mensagens de amor inesperadas. é
reconhecer a força dentro de mim e
enfrentar a ansiedade. é atravessar a
floresta densa de memórias de um amor
assombrado. é sobreviver ao fim.

é quando finalmente sinto que sou
o protagonista da minha vida.

o
re
en
con
tro

E por obra do acaso, dois anos depois, nos encontramos. O voto de silêncio havia sido quebrado, era como um fone de ouvido que do nada volta a funcionar. Eu achava que a melhor forma de superar um amor que acabou de forma dolorosa era deixar para trás tudo o que ele significava. E eu não poderia estar mais errado. Eu apaguei quase todas as nossas fotos, mas três eu nunca tive coragem. Ainda bem.

Fugir não é a forma mais inteligente de lidar com o passado. A paranoia da sua ida, a oportunidade quase forçada de aprender algo com a solidão fizeram sentido no momento em que meus olhos encontraram os seus outra vez. Minha alma se sustentava sem tremer diante de você.

Preciso dizer que uma das sensações de maior conquista que vivi foi a capacidade de estar diante de um antigo grande amor e sorrir. Estar na companhia de alguém que um dia

planejou estar para sempre ao meu lado e que
subitamente deixou vazio o outro lado da cama
e não enfraquecer. O amor-próprio havia dado
frutos, e eu fui capaz de ressignificar o amor que
vivemos e dar a ele a singularidade que merecia.

Apesar de toda a dor, eu escolhi exorcizar os
fantasmas que me assombravam. Pintei um
quadro da nossa história e o pendurei em um
dos corredores da minha vida. Nosso amor,
independente de tudo, merecia respeito. Parte
dele viveria para sempre em mim e nada de
fato justificava a tentativa de esquecimento.

Eu pintei um quadro para que aquilo que
vivemos possa ser lembrado, nunca alterado
e sempre respeitado... Como antigos amores
deveriam ser.

Eu encontrei paz, Matilda. Sua visita foi um
aviso de que o fogo entre nossos passados
havia cessado e que não fazia sentido me
preocupar com mais explosões.

# reencontro *(s.m.)*

é poder habitar suas pupilas outra vez.
é admirar as linhas do seu rosto sem
precisar ver uma foto velha. é fazer
a saudade valer a pena. é desfazer os
nós apertados do passado. é quando
a memória escreve um poema no
presente. é tirar o pó das lembranças,
sentir o gosto do seu beijo e perceber
que ele continua bom como sempre
foi. é um momento breve. é aquilo que
mantém vivos corações machucados
pela distância do tempo.

é um novo primeiro encontro.

# segunda *(adj./s.f.)*

segunda chance, já dei. segunda opção,
já fui. segunda-feira? todo mundo odeia,
mas eu acordava feliz aos quinze anos
sabendo que te encontraria na escola
depois de um fim de semana de saudade.
segundo lugar é um quase cheguei lá.
segunda mão é a roupa que herdei do
meu irmão. é ser o amor substituto de
um coração confuso, o segundo cheiro
preferido de alguém.

é entender que ser o primeiro em tudo é
deixar em segundo plano a própria paz.

# rosa (*adj.*)

é a cor que o amor tem na minha memória. é um cabelo que me faz lembrar de você, da sua calça estampada e da sua flor preferida. é um corpo em plena primavera de emoções. é mais pessoa do que tom. é a tinta da parede do seu quarto. é quando o outono dá adeus.

é uma mancha de amor na roupa da minha alma.

# ancorar *(v.)*

é a coragem de me fixar em meio a um
mar que eu não controlo. é alugar um
apartamento com alguém. é resistir às
tempestades sem me perder. é dividir
a cama, ter metade de um armário e
decorar a cor da sua escova de dente.
é o conforto de poder boiar sem temer
a correnteza. é uma boa ou má decisão,
tudo depende do que se passa no peito
e na cabeça do capitão da embarcação.

"se meu navio afundar, ancore amor
em mim."

# celebrar (v.)

é quando os dias têm brilho, e eu,
companhia e motivo para sorrir. é
olhar para o céu e ver estrelas, olhar
para o mar e ver sereias e olhar para o
lado e ver amigos. é um dia de sorte. é
quando o sol abençoa a nossa vida. é a
maturidade de agradecer o que somos
e ter orgulho do que ficou para trás. é
comemorar os quadros emoldurados,
as fotos tiradas, os amores escritos e os
medos superados. é se vestir de tempo
bom. é o Ano-Novo na casa da sua tia. é
o aniversário da sua mãe. é o Natal com
a minha família. é a resolução de um
amor que deu certo.

é sorrir em bando. é brindar ao mundo.

# inesperado

*(s.m./adj.)*

foi te ver chegar na minha vida e me
fazer tão bem em uma semana depois
de um término tempestuoso. é um amor
que me pegou de guarda baixa. foi ouvir
naquele domingo meu pai dizendo
no telefone que Deus chamou minha
avó para morar no céu. é o acaso em
forma bruta que às vezes cura e às vezes
machuca. é o tipo de pessoa e de notícia
que chega feito chuva.

foi ver você beijando outra pessoa.

# ruivo *(adj.)*

é o espírito do outono se expressando
pelos fios que tecem a sua existência. é
quando o vermelho da paixão tem tons
de cobre. é você, cuja presença incendeia
qualquer coração, qualquer noite e
qualquer memória. é a intensidade do
fogo se expressando no seu jeito de ser.
é o amor que mora em Guaianases. é o
cabelo que aquece a mão de quem afaga
e dá carinho. é quem não deixou eu
me perder no escuro da solidão. é um
amor que assusta o frio do inverno e da
tristeza. é quando o sol se põe em você.

é quem queimou um coração
despreparado.

# vermelho *(adj.)*

é a maçã do rosto dela quando
encontrava aquele moço (que eu sempre
quis que fosse eu). é a rosa do meu
passado que eu não entreguei por medo.
é o letreiro da hamburgueria a que você
me levou em São Paulo. é o que desperta
a dúvida de não saber se você sentia
algo por mim. é o que a criança aprende
como "a cor da paixão e do amor". e *isso*
eu desaprendi quando conheci você e
acreditei que o amor era castanho que
nem seus olhos. é quando meu rosto e
meu pescoço entregam o nervosismo de
estar apaixonado.

é perceber que o amor tem cores únicas
e o rosa da Matilda não seria a primeira
e nem a última mancha colorida no
meu peito.

# ela *(pron.)*

era sorriso, razão, vinho no copo de
requeijão e segredos dosados numa
garrafa de litrão. é a coisa mais bonita
do mundo. é dengo de que Anavitória
tanto fala. é o par de brincos que te dei
cinco anos atrás de aniversário e que
você ainda usa. são seus vários primos
nas festas fazendo piadas que você pediu
para não fazerem, seus tios contando
da sua infância e você envergonhada
mas muito feliz. é a saudade de todo dia
ter alguém ao meu lado. é a memória
recorrente de alguém que se soltou das
correntes de uma rotina irreverente e foi
se fazer gente no mundo, me deixando
aqui no interior. era um amor que tinha
asas e voou, e não seria eu que impediria
um anjo de alcançar a lua e pisar no céu.

é o beijo roubado e o coração entregue
de forma espontânea e insana de um
amor que claramente não pensava em
limites e gostava de sapatos estranhos.

o
re
ló
gio

Matilda, eu pensava que nós dois éramos ponteiros do mesmo relógio e que nos encontramos à meia-noite sem querer. Mas a verdade é que cada um é o seu próprio relógio e, quando eles estão sincronizados, a gente se encontra. Um dia acordei e seu relógio marcava as horas em San Francisco. Eu nem pude me despedir. Apesar de saber dos seus planos para o futuro, você desapareceu meses antes de o seu avião decolar.

O ser humano é uma criatura sensível ao tempo. Ele muda os nossos gostos, as pessoas ao nosso redor e o tamanho dos nossos sapatos. Ele também dá uma chance para corações quebrados recolherem seus pedaços e para boas sementes vingarem. O tempo é álibi do coração, das pessoas e das plantas, mas também pode ser um castigo

para aqueles que não souberem lhe dar o
devido respeito.

De nada adianta declarar guerra aos ponteiros
do relógio. Acredite em mim, eu tentei.

O tempo me permitiu ressignificar nosso
amor, Matilda. Só assim fui capaz de entender
que cada amor é único e que tudo se confirma
eterno no momento em que acaba mas existe
alguém disposto a se lembrar.

Contando os minutos de um ano eu pude ver
que o fantasma de um amor, a solitude de um
coração e o reencontro de dois que se gostam
só é possível pela fragilidade humana ao
enfrentar o tempo.

Eu troquei as engrenagens do meu coração,
e meus ponteiros não procuram mais você.

# amadurecer (*v.*)

é assumir os erros cometidos. é pedir
desculpas pro seu melhor amigo. é não
se sufocar na arrogância do orgulho. é
assustar o fantasma da culpa. é organizar
a própria bagunça. é perceber que mais
importante que "planejar" é "começar",
afinal, planos perfeitos não valem de
nada se passarem a eternidade no
papel. é abandonar o passado (mesmo
que doa). é enfrentar memórias e
resgatar o que é nosso. é perceber que,
infelizmente, nem tudo tem conserto,
e tudo bem. é duvidar do que está
quebrado e ser teimoso (e tudo bem). é
endurecer a alma (e amolecer o coração).

é ser a nossa melhor versão.

# rio *(s.m.)*

é um fluxo natural. é a água que alimenta o mar. é o flerte que alimenta o amor. é a alma que alimenta o corpo. são as fotos que alimentam a memória. é a atenção que alimenta o carinho.

é o que, se interrompido, mata. é o homem que mata o mar. é o medo que mata o amor. é a maldade que mata o corpo. é a ausência que mata a memória. é o descaso que mata o carinho.

# passado *(s.m.)*

é uma caixa vermelha empoeirada
repleta de brinquedos que eu espalhava
pelo chão do meu quarto. é um morro de
grama que eu fazia de escorrega, amigos
que não tinha visto faz mais de década.
é meu álbum de formatura, meu dente
de leite e minhas crenças antigas. são
nomes que não chamo há muito tempo.
é onde se eternizam bons amigos. é onde
os erros deixam manchas. é imutável
feito a morte.

é o pilar que sustenta o futuro. é o ponto
de referência do meu presente. é saber
que tijolos mal colocados desmoronam
uma hora ou outra.

# quase *(adv.)*

é a sensação de falha que deixa uma
queimadura ardida na minha memória
e que me lembra toda hora de algo que
eu não pude ter. é um beijo que não teve
a chance de existir. é o momento em
que a gente perde o último ônibus e fica
parado no ponto vendo ele ir embora. é
não descobrir o que seria da minha vida
se naquele dia eu tivesse dito tudo o que
eu sentia. é um espaço de realidade entre
o meu destino e o que não aconteceu. é
apostar amor na pessoa errada. é quase
dar a resposta certa. é a sensação de tirar
cinco no dado querendo um seis.

é a menor-maior distância que um ser
humano pode sentir.

# pressa (*s.f.*)

é esquecer a chave, queimar a língua,
pegar o caminho errado. é desalinhar
o destino, desfiar a rotina e rasgar
os planos. é dar um passo largo e
desajeitado. é tirar o amor do seu ritmo
natural e terminar sem querer aquilo
que nunca começou. é uma aposta no
azar. é desafiar o tempo (e estar disposto
a perder).

é achar que olhar para os lados é perda de
tempo e esquecer que o mais bonito da
vida não está no destino, e sim na estrada.

*... e é lembrar que te perdi porque não
olhei para o lado a tempo de te pedir
para ficar.*

# resistir *(v.)*

é contrariar estatísticas. é firmar os pés na areia e não deixar o mar te derrubar. é nadar contra a maré. é ser artista. é visitar um museu. é plantar árvores. é escrever um livro. é amar sem medo. é superar distâncias. é levantar depois da queda. é ser mãe. é fazer o que ama. é iluminar memórias sombrias.

é existir duas vezes.

# tempo *(s.m.)*

é o que tanta gente diz que não tem,
mas não cuida quando tem. é aquilo
que todo mundo gostaria de ter mais, e
eu suspeito que, se tivesse, não estaria
satisfeito. é o que crianças têm de sobra
e nem sabem, adultos têm bastante e
não ligam, e minha avó tinha pouco, mas
amou cada pequeno segundo. é mais dez
minutos de brincadeira, mais um sábado
de descanso, mais quatro anos para um
presidente e mais um segundo para um
casal que se despede.

é remédio para almas decepcionadas e
corações magoados.

# mudar *(v.)*

é o processo natural de cristalização do
passado e engrandecimento do presente.
é parar de esperar para ser feliz. é
ressignificar os sentimentos pendentes.
é transformar o medo em combustível. é
buscar motivos. é abrir a porta da minha
casa e ver uma cidade diferente, ruas que
não são as minhas e ouvir um sotaque
que não é o meu.

é trocar a roupa da minha rotina e dos
meus pensamentos mais íntimos.

# reconstrução *(s.f.)*

é a coragem de recolher mais uma vez os fragmentos do meu coração. é reerguer os muros que a traição derrubou. é a chance de fortalecer os sentimentos que me mantêm de pé. é o momento em que as lágrimas acabam. é rever as amizades que são a minha fundação. é algo feito dia após dia, pedaço por pedaço.

é quando consertar não é o suficiente, é preciso reconstruir.

# bagagem *(s.f.)*

é quanto a alma que preenche o corpo pesa. é o medo de perder alguém, os traumas adquiridos durante a vida, a intensidade do meu coração, os amigos que me rodeiam, as histórias que posso contar, os hábitos que me acompanham e os sonhos que quero tocar. é o par de asas de uma pessoa livre. é a minha alergia a gatos e a sua alergia a pólen.

é o que levaremos conosco até o fim dos dias. organizem direitinho antes de amar alguém, a nossa bagunça não pode bagunçar o outro.

# relógio *(s.m.)*

é onde o ser humano aprisionou o tempo.
é um trio de ponteiros que guiam a vida
das pessoas. é o que faz a gente ter pressa.
é o trunfo e a ruína do coelho da Alice.

é um fardo para quem sente saudade.
é uma maldição para quem tem
ansiedade. é um lembrete constante da
nossa mortalidade.

# instantes *(s.m./ adj.)*

é o ponto na linha do destino em que
sua mão encontrou a minha. é quando a
curva se estende mais do que o previsto
e o topo do mundo é o nosso momento
juntos. é o primeiro beijo, o segundo
beijo e cada beijo em seguida. é grifar
a parte bonita do livro. é o que marca a
reação do meu sorriso. é o que repete
quando dois se gostam. é quando o
passado vira presente e o futuro é o
conquistado em dupla.

é saber que amanhã temos outra chance
de viver cada momento de novo.

# coincidência *(s.f.)*

é me apaixonar sempre por pessoas
que têm gatos e toda vez esquecer o
antialérgico no primeiro encontro.
é, depois de anos sem conversar, nos
encontrarmos numa fila aleatória
e revivermos tudo o que havíamos
abandonado. é você ter o nome do meu
futuro grande amor. é como nascem
almas gêmeas.

é o universo fazendo graça, o amor
ligando os pontos e a gente no meio da
bagunça do destino interpretando tudo
como um sinal.

# sinopse *(s.f.)*

é bater antes de entrar. é o primeiro m&m do saquinho. é querer sentir vontade. é pôr os pés no córrego de um livro e deixar a água de palavras te carregar. é a ansiedade de estar em um avião preste a decolar. é o tíquete para subir a bordo de um trem indo em direção ao desconhecido. é o frio na barriga que alimenta as borboletas. é imaginar o que está por vir.

é o primeiro beijo.

e
para

o
meu
futuro
grande
amor

Eu soube que você vai casar, Matilda. E isso me deixa feliz. Você finalmente está rodeada das flores que tanto ama e, mais, achou um peito para firmar suas raízes. Apesar da sua alergia a pólen, eu sei que sua felicidade não é fácil de abalar, não é uma rinite que vai te incomodar agora. Nós dois crescemos tanto. Seu cabelo agora é verde e minhas cicatrizes foram cobertas com tinta.

Sei que agora que regulei meu coração, aprendi a conversar com meu reflexo e consegui respeitar o passado, parei de procurar por amores antigos em novas pessoas. Talvez eu esteja pronto para viver um outro grande amor.

E eu não sei o nome de quem vem nem quando ela chega.

Mas eu espero encontrar alguém que faça os fantasmas sentirem medo, a solidão ser companheira, os reencontros serem eternos e o relógio parar de contar as horas.

# parceria *(s.f.)*

é um par de estrelas que sozinhas fazem sentido e juntas fazem o universo. é alguém que iria comigo até o topo do Everest e também da vida. é energizar quem te dá energia. é uma eterna torcida sem intervalos entre dois que acreditam um no outro. é atravessar as dificuldades da vida de mãos dadas. é conquistar o mundo em plena terça-feira.

é conhecer todos os lados de alguém e querer todos.

# flertar *(v.)*

é um jogo entre corações confusos que
não sabem se gostam e quanto gostam, o
que querem e se ao menos querem algo;
ou um coração decidido a se arriscar,
tropeçando nas tentativas de conquistar
alguém. é falar frases ambíguas que dão
a entender que eu gostaria de te beijar,
mas talvez não. é dizer que a tatuagem
no seu braço combina com você, que
seus olhos são preciosos feito enfeites
de Natal e que, se você quiser, eu quero.

# diálogo *(s.m.)*

é expor minhas inseguranças, jogar
à mesa as cartas da dúvida e buscar
compreensão. é perguntar sem medo.
é responder com paciência e explicar o
que for preciso. é ser aluno e professor
ao mesmo tempo. é o equilíbrio perfeito
entre falar e escutar.

é o que faz amores resistirem ao tempo.

# solidão *(s.f.)* acompanhada

*(adj.)*

é quando você toma banho enquanto eu vejo TV e escuto a água escorrendo pelo ralo e você cantando Melim. é quando você toca violão e eu escrevo o que sinto por você. é você se arrumando no quarto e eu fazendo a barba na frente do espelho. é você que me faz rir o dia inteiro e eu que te deixo vermelha e sem jeito. é você que acorda antes de mim e eu que sempre te admiro adormecer. é quando você liga para sua mãe e eu mando beijo da cozinha enquanto faço o jantar. é quando você é você mesma perto de mim e eu amo ser eu mesmo, sem medo, perto de você. é te acompanhar no silêncio e na conversa.

é estar junto enquanto fazemos as nossas coisas sozinhos. e isso é lindo.

# amor (*s.m.*)
# recíproco (*adj.*)

é quando o cupido acerta o tiro. é quando
o toque faz sentido. é quando o beijo das
nossas almas encaixa. é amar alguém que
respeita a sua forma de amar. é dividir
o banco, o guarda-chuva, a louça, a
cama e a sobremesa. é quando eu, que
tanto esqueço aniversários, não consigo
esquecer o seu. é quando a intensidade
não assusta e o abraço é verdadeiro. é
um amor sem roteiros e improvisações
forçadas. é uma viagem com destino
indefinido e companhia marcada.

é o que fará de uma data qualquer
se transformar no dia mais feliz da
minha vida.

# monotonia *(s.f.)*

é um cemitério de relacionamentos
brilhantes. é a rotina sem amor.
é o descaso do tempo com almas
desacreditadas. é quando os ponteiros
do relógio desistem de apontar as horas.
é um caminho difícil de percorrer em
dupla. é um sentimento juiz que testa
a força de uma paixão capaz de se
reinventar... e quando superado, dá a ela
o título de "grande amor".

# propósito (*s.m.*)

é quando você, e só você, me faz levantar cedo. é quando alguém se torna tanta coisa na minha vida que me tira da inércia da rotina, do marasmo dos lugares e faz qualquer loja do shopping ser divertida de entrar. é uma força inexplicável que tem os seus olhos e o seu jeito de falar.

é quando a luz que vem de você ilumina a penumbra da minha solidão.

# dengo *(s.m.)*

é a sua voz fazendo carinho no meu pescoço, seus braços confortando meu corpo e você sendo você no sofá da nossa sala. é como meus olhos leem a legenda da vida quando enxergam você. é o nome do seu beijo. é alguém que fez ter sentido a música da Anavitória. é quando meus dedos mergulham no mar dos seus cabelos, e o tesouro no fundo do oceano é aquele momento com você.

é você e cada alegria que você me dá.

# chamego *(s.m.)*

é fazer plural de dois singulares. é um toque doce de intenção bonita que desperta a alma e faz sorrir a pele. é quando você deita no meu colo e eu mexo no seu cabelo. é dar meu corpo de abrigo a você em dias difíceis. é um carinho só nosso que faz um coração falar com o outro. é aprender a sua música favorita. é inventar um apelido para você que só eu sei. é a intimidade de segurar a sua mão quando acordo de madrugada. é uma árvore de cafunés.

é o que dilui toda tristeza.

# sorte *(s.f.)*

é tirar o mesmo número no dado cinco vezes seguidas. é conseguir na primeira tentativa. é achar as palavras certas. é não ter trânsito no dia em que você está atrasado. é cair sem se machucar. é ir contra todas as chances. é ser o "um em um milhão".

é viver um amor recíproco.

# relacionamento

*(s.m.)*

é uma escolha, não um contrato. é a
liberdade de estarmos juntos apesar das
outras dezenas de milhares de pessoas
que passaram por nós na rua nos últimos
vinte e quatro anos; dos amores do
colégio e dos beijos dados no passado.
é a confiança de que um coração me
escolheu e o meu fala o nome dela todas
as manhãs. é ser seu parceiro de crime,
seu fiel escudeiro, a pessoa que senta ao
seu lado nas viagens e divide o último
pedaço do seu bolo preferido. é quando
nossas histórias viram um livro vivo e eu
espero ansioso pelo dia que lerei ele para
nossos filhos na hora de dormir.

é aceitar que o amor é brega, que brigar
é clichê e perdoar é necessário.

# apaixonar *(v.)*

é invadir, confundir, bagunçar e
despertar o corpo e o coração. é quando
alguém sacode sua rotina e derruba
todas as certezas que você guarda nas
prateleiras da sua casa. é sentir o calor
de cada dia com mais intensidade. é
incendiar o peito de surpresa. é sentir
raiva da distância. é pôr em jogo tudo o
que se tem (e o que não tem). é querer
te ter por perto o tempo todo. é tão
inesperado que acontece à primeira vista
ou depois de sete anos de amizade, e até
mesmo isolado sem poder sair de casa.

é quando percebo que talvez tenha
passado a vida inteira procurando por
todas as coisas que achei em você.

# conexão *(s.f.)*

é quando eu penso em te chamar
para sair e você manda mensagem
me chamando. é se achar no meio da
Oscar Freire sem combinar. é depois
de três anos se esbarrar na saída do
metrô ao meio-dia em meio à multidão.
é rir das mesmas piadas sem graça. é
ter visto todos os shows da Florence
+ The Machine com você sem nem ao
menos combinar. é aquilo que quando
verdadeira igual a nossa, nem a distância
é capaz de enfraquecer. é quando tudo
fica bonito do seu lado. é uma pessoa
cujos pensamentos têm legenda. é o que
assina o contrato de uma amizade eterna.

era mais bonita antes do wi-fi.

# presença *(s.f.)*

é quando a sua existência faz carinho
na minha. é te sentir de longe. é o
seu cheiro agarrado no meu casaco. é
sonhar com você. é o som que faz sua
respiração. é o que faz os segundos
valerem horas.

é quando a sua energia recarrega a minha.

# profundidade *(s.f.)*

é o que não deixa minha atenção fugir das nossas conversas. é uma alma cheia de história. é entender que sentimentos não se constroem às pressas. é o que impede de desaparecerem certas memórias e faz nossos encontros engancharem na minha mente feito peixe e anzol.

é um coração raro, incapaz de se sentir preenchido por sentimentos líquidos e promessas rasas de amores e cachaça.

# sempre *(adv.)*

é a idade das promessas feitas por amores antes dos nossos. é um sonho de conto de fadas. é quando colocamos em xeque a impermanência do universo e desejamos algo que seja permanentemente eterno. é a quantidade de dias que prometemos dividir.

é a intensidade da companhia de dois que se amam.

# casamento *(s.m.)*

é a união entre duas almas. é dividir
o mesmo quarto, dividir as contas
e preencher o mesmo endereço nas
encomendas do correio. é quando duas
existências se encostam e entrelaçam
seus dias. é quando existem espaço e
respeito, e as dúvidas passam por entre
nós sem muito atrito. é quando brigas
se resolvem de uma forma natural. é
quando mesmo na inércia da rotina o
amor encontra um tempo para dançar
na sala de estar.

é um beijo que sela uma carta cheia de
planos a ser enviada para o futuro.

# nariz *(s.m.)*

é um pedaço do meu corpo que foi alvo de piadas e comentários maldosos. é a alegoria da minha insegurança. é quem me faz demorar horas para escolher óculos novos. é quem me afasta do espelho. é uma marca no meu rosto.

é quando você me pegou desprevenido elogiando a única parte minha que nunca recebeu um comentário doce.

# corpo *(s.m.)*

é aquilo que o Mundo mais percebe
sobre a pessoa que sou em vez de me
perguntar quem sou, ou sobre os meus
planos, as minhas conquistas e o meu
passado. é a parte da minha existência
que aparece nas fotografias. é quando
meu reflexo se entristece com os
comentários alheios e irracionalmente se
condena quando alguém acha que algo
nele é feio. e o amor-próprio diz: nada
em você é feio. tudo nele é seu. e tudo
em você é lindo.

é a casa que habito e, se algo nela mudar,
que seja escolha da pessoa que aqui mora
e não da pessoa que deixei me visitar.

# encontros *(s.m.)*

é o raro momento quando olhares se esbarram reciprocamente no ar de uma cidade lotada de pessoas desinteressadas em se conectar. é a tentativa de se aproximar usando um aplicativo de celular. é quando a saudade vira assunto na terapia. é quando barcos solitários se cruzam navegando por um mar de pessoas solitárias e juntos encerram a tormenta da solidão. é um momento em que histórias se unem e eu me transformo em um personagem no livro da sua vida.

é a alegria de sentir sua existência sendo tocada pela existência de outro alguém.

# reviver *(v.)*

é amar de novo. é acordar antes do
meio-dia. é vencer a apatia. é colorir
o cinza da rotina, rasgar o desânimo
e resgatar o brilho de cada dia. é uma
segunda chance que vem da força que
tem dentro de nós. é uma semente
dentro da gente que germinou na hora
certa. é quase se perder.

é quando uma paixão faz massagem
cardíaca em um coração cansado
de sofrer.

# fácil (*adj./adv.*)

é um coração cansado de jogos e pessoas
desinteressadas, que se jogou nos braços
do desejo e se declara sem sambar
demais. é compensar a dificuldade da
vida no jeito como se vive ela. é ser uma
carta aberta ao mundo, feita para ser
lida e amada. é a minha existência se
derretendo ao ouvir a carioca cantando
*love me tender*.

é como quebra um coração traído.

# partilhar (*v.*)

é um jeito bonito de amar. é se entregar
feito peixe, remar por seis meses,
superar a dúvida, a lágrima e ainda
ser capaz de dividir um colchão sem
se importar. é quando você pega a
calmaria dos seus olhos e divide em dois
a minha dor. é o afeto compartilhado
no entrelaço de duas mãos que juntas
escrevem cartas de amor. é uma paixão
que te faz abandonar defesas.

é o sorriso que entrego para o mundo
quando te observo cruzar a porta da
minha casa e dizer "eu vim te ver".

*dedicado ao meu amigo Rubel.*

# companhia *(s.f.)*

é me oferecer pra te buscar na aula
da faculdade só pra te ver por alguns
minutos. é quando a sua visita faz
presença em cada centímetro do meu
corpo e o frio da solidão desaparece. é
saber que posso falar sobre qualquer
coisa com você. é quando você me
apresenta novas músicas e jeitos de
sorrir. é o que você consegue fazer
mesmo distante, com uma ligação e
uma mensagem de bom-dia. é quando
sua respiração perto da minha inflama
as minhas palavras com um amor mais
quente do que o sol.

é o que faz noites serem eternas,
segundos serem lembrados e a vida ser
mais bonita ao seu lado.

# xodó *(s.m.)*

é você que quando tá perto faz meu
coração deitar feito cão pedindo carinho,
feito gato manhoso. é o cheiro do meu
cangote preferido. é quem assumiu
comigo o compromisso de se aninhar
todo domingo. é a companhia que iria
do bar ao bingo.

é o mel do sorriso que fez a rima, o amor
e o cordel terem sentido.

# cativar (*v.*)

é amar com paciência. é respeitar o tempo de um amor. é quando você se esforça para ser parte do meu dia mesmo que por alguns minutos. é quando você manda mensagem perguntando se eu já cheguei em casa. é regar meu coração através das nossas mãos entrelaçadas no meio da rua. é quando seus olhos visitam o meu âmago, fazem café na minha cozinha e se aninham no meu corpo.

é amar com detalhes.

# carinho *(s.m.)*

é quando a sua boca faz cócegas na minha alma e nós dois gargalhamos de amor. é quando você me convidou para dormir na sua casa pela primeira vez (*e todas as vezes depois*). é quando você lembra de mim durante o dia e me conta. é quando você deita e diz "o lado esquerdo é seu". é andar de mãos dadas na rua. é cozinhar para você e me esforçar mais do que qualquer coisa na vida como se eu estivesse concorrendo ao maior prêmio do mundo: o seu sorriso. é ser um presente inesperado na rotina de alguém.

é um jeito pequeno e diário de dizer "eu me importo. eu te quero. você me faz feliz".

# acreditar *(v.)*

é confiar nas suas palavras, sentir a
verdade na sua mão quando ela segura
a minha a ponto de pular no abismo
da paixão se você me falar que vai me
segurar. é ter certeza dos momentos
que vivemos. é quando seus beijos vêm
acompanhados de verdade e seus abraços
não mentem pra saudade. é quando a fé
de alguém floresce. é o motivo pelo qual
meu corpo inteiro arrepia quando você
sussurra que me ama.

# intimidade *(s.f.)*

é passar uma tarde inteira em silêncio com você e não me sentir desconfortável. é despir a minha existência na frente da sua, pôr para fora cada segredo meu e te contar dos meus medos mais profundos. é te apresentar os meus sonhos mais sinceros. é saber que você enxerga a minha versão mais vulnerável. é decorar as suas alergias e suas manias.

é quando alguém me deixa confortável ao ponto de não precisar esconder as cicatrizes da minha insegurança. é uma felicidade rara e compartilhada.

# mergulhar *(v.)*

é adentrar no íntimo de alguém e permitir que ela faça o mesmo. é conhecer o que tem por baixo da alma, enfrentar a ansiedade e não se assustar com os segredos que poucos sabem. é se deparar com os amores antigos naufragados e conhecer as embarcações que nunca zarparam. é não fugir do lado escuro da alma de alguém.

é torcer para o oxigênio do amor ser o suficiente para fazermos infinitas viagens sem nos afogar.

# toque *(s.m.)*

é a menor distância a que duas almas podem estar. as nossas peles dançando sem sair do lugar. é quando nossos átomos trocam beijos, nossas existências se entrelaçam e nossa memória agora divide um momento. é uma forma de ver o mundo. é quando o sol dá bom-dia, o vento respira e o amor faz cócegas. é um edredom contra o frio da solidão.

é quando o amor se manifesta sem som e imagem.

# motivo *(s.m.)*

é uma força invisível que me faz
acordar cedo ou dormir tarde;
pegar três ônibus, viajar milhares de
quilômetros, trabalhar mais do que o
esperado, mudar de cidade, apostar
no desconhecido, arriscar a minha
calmaria e fazer o impossível. é um
sentimento combustível que me faz
seguir em frente, mesmo se minhas
pernas balançarem, mesmo se eu não
souber o caminho certo e meus planos
estiverem bagunçados. é a razão por trás
de tudo. é o que me faz enfrentar os dias
mais difíceis de ansiedade. é a desculpa
perfeita para buscar a felicidade

é o seu sorriso.

# cumplicidade *(s.f.)*

é dividir um guarda-chuva em dias de garoa. é dividir o mesmo teto, lutar contra as goteiras e perceber que, depois de enfrentar uma tempestade que não era minha em nome do amor, o sol é muito mais gostoso de sentir. é guardar um lugar do meu lado para você sentar. é dividir segredos e fazer segredos juntos. é ter a chave do peito do outro.

# alma *(s.f.)*
# gêmea *(adj.)*

é quando silêncios se apaixonam e, mesmo sem dizer nada, sua voz entra no meu coração. é uma pessoa que me lê feito o livro favorito e me dá um espaço na história da vida dela. é quando as peças se encaixam sem esforço, como se tudo estivesse escrito em algum lugar e as músicas que falam de amor fizessem mais sentido agora do que nunca. é quando todo beijo é um presente e toda lua é de mel. é quem faz o tempo mostrar sua verdadeira forma, faz o relógio contar a nossa história e faz horas serem segundos. é quando o meu e o seu amor vão na mesma direção sem combinar e nossos corpos grudam um no outro por inércia da paixão. almas que se atraem. é nossos gostos serem ligeiramente iguais.

eu disse e repito: "não é alguém feito para você. é alguém que faz você querer ser o melhor de si, ainda imperfeito, ainda errado, mas feliz".

# intenção *(s.f.)*

é quando você explica o que sente para a pessoa que sente junto de você. é quando você levanta da cama com um plano. é um dia que deu certo. é o segredo da ação, as entrelinhas da vontade. é tentar com um propósito. é fazer dar certo por nós ou por alguém. é o discurso que fica de fora das explicações, mas faz toda a diferença.

é o que faz o amor ser verdadeiro.

# amor à primeira vista *(loc.)*

é um déjà-vu romântico. é quando o cupido não atira uma flecha, joga uma bola de boliche e faz um strike com os meus sentimentos. é sentir por um segundo que o mundo faz sentido, que os planetas se alinharam e que nós dois nascemos um para o outro. é encontrar mil coincidências que justifiquem nossos caminhos terem se cruzado. é ser arrebatado, carregado para casa nas costas da paixão e dormir só para te encontrar.

é como eu chamo o dia em que te conheci.

# expressar *(v.)*

é quando eu deixo escapar que te
amo numa conversa sobre o filme
que vimos ontem. é não me mexer
enquanto seus gatos dormem na cama
com nós dois e, apesar de ainda não
ter me acostumado, não vou acordar
eles porque eles são importantes para
você e você é importante para mim. é
fazer café quando eu acordo antes, me
oferecer para te buscar quando você
tá sem carona e me planejar para o dia
dos namorados. mesmo que não seja o
presente mais caro, eu pensei muito nele
e me programei para que fosse perfeito,
por mais que eu saiba que nada é perfeito
e você não gosta de coisas perfeitas.

é deixar o coração falar no meio das
frases, através do nosso corpo e das
nossas atitudes.

# unicidade *(s.f.)*

é o jeito como você prende o seu cabelo, faz piadas que eu não entendo e me beija no queixo quando vai embora. é a digital do seu dedo, o timbre da sua voz, as linhas da sua mão e as covinhas no seu rosto. é você por inteira, e eu quando perto de você.

# bonita *(adj.)*

é uma letra do Nando Reis na voz da Anavitória. é a luz de uma supernova. é uma ligação de vídeo com quem mora longe. é a levada de um samba dos anos oitenta. é o sol das cinco. é a noite estrelada de Van Gogh. é uma aurora boreal. é a onda quebrando na praia. é aquela música do Coldplay.

é você (mais que todas essas).

# resumo *(s.m.)*

é a saudade seguida de um beijo. é quando me perguntam todas as coisas que mais me encantam e eu falo o seu nome. é um aceno, um balançar de cabeça e um sorriso de lado. é quando a gente se conhece há tanto tempo que nem precisa explicar as coisas. é cada foto que tirei da gente. é quando o ser humano inventou de dar nome para cada sentimento, mesmo sabendo que eles são maiores do que nós.

é tentar dizer em poucas palavras o que nem um livro inteiro poderia dizer, mas eu vou tentar: amo você.

# pulmão *(s.m.)*

é quem sofre com as minhas crises de ansiedade, sente-se apertado sem razão aparente e com certeza largaria seu trabalho se pudesse. é quem guarda ar e me faz falar besteiras adoidado com meus amigos, mas não arranja oxigênio o suficiente para me deixar dizer para você as coisas que eu sinto, e ainda põe a culpa na timidez. é quem, quando fica nervoso, tosse. é quem, quando fica mordido, aperta.

é o termômetro do coração. quanto mais ele aperta, mais a gente quer desabafar e não consegue.

# grande (*adj.*)
# amor (*s.m.*)

é um amor que sabe dos seus segredos, a cor do seu pijama e se você coloca açúcar no café. é uma voz que te confortaria no meio de uma tempestade e seria mais alta que os trovões lá fora. é quem veste a nossa alma quando abraça a gente. é uma blusa que te faz largar todas as outras blusas do armário. é quem faz a gente questionar se o que sentimos antes daquele instante era de fato amor. é uma estrela potente que emite luz por todo o universo, do quarto do seu apartamento até a padaria do bairro vizinho.

é um sorriso que eu só dei uma vez, um beijo que não sabia que existia e um lar que não tinha portas, janelas nem paredes, mas fazia eu me sentir em casa.

# infinito *(s.m./adj.)*

são os números entre zero e um e a possibilidade de eu amar você para sempre. é a quantidade de estrelas no céu e a quantidade de dias que eu vou te amar mais um. é o número de vezes que você ouviu Caetano cantar e todos os pedaços de mim que suspiram ao te ver cantando junto. é um conjunto maior do que o universo, mas onde ainda assim não cabe nós dois.

é o número de vidas que eu viveria só para te encontrar outra vez.

# cicatriz *(s.f.)*

é a marca que o escorregador deixou
no meu joelho quando eu tinha sete
anos. é o que lembra a minha mãe de
que o ferro de passar é quente e o meu
irmão de que cachorros mordem quando
sentem medo. é a memória da cirurgia
que o meu melhor amigo fez e a razão
pela qual tivemos a oportunidade de nos
conhecer. é o sinal no peito dela, que faz
ela lembrar de dias difíceis.

é o que acontece quando rasgam a nossa
existência, mesmo que sem querer.

# escolha *(s.f.)*

é uma decisão às vezes difícil de tomar. é pescar o futuro no mar das chances. é naufragar o barco quando o vento sopra para o lado errado. é dormir brigado com alguém. é deixar a água cair. é sair sem casaco num dia frio. é fazer o curso da sua vida. é largar tudo aos vinte e nove. é não ter pressa. é queimar a língua. é um sorriso que eu sabia que daria. é uma porta que leva a uma oportunidade. é uma parede que parecia uma porta. é uma tentativa de achar meu lugar no mundo. é acordar depois que o sol se põe. é aceitar convites sem pensar, só para viver a vida e ver no que dá. é sentar na cadeira errada e conhecer a pessoa certa.

é tentar, com medo ou sem.

# dependência *(s.f.)*
# emocional *(adj.)*

é não sair sem outra pessoa. é achar que o próprio jeito não faz sentido sozinho. é estar fora de sincronia. é ser incapaz de se sentir completo sem outra pessoa por perto. é um fardo pesado demais para o coração, uma hora ele cansa e a gente perde o rumo. é o desespero de não saber rir sozinho ou aproveitar uma cerveja na própria companhia.

é deixar de viver porque alguém não quer viver as coisas com você.

# maturidade *(s.f.)* emocional *(adj.)*

é não terminar um relacionamento
por mensagem. é ser capaz de olhar
nos olhos de outra pessoa enquanto
conversa. é pedir desculpas, é
reconhecer um erro. é perceber que
crescer é mais do que espichar as pernas
e trocar os dentes. é seguir a vida depois
de ouvir notícias ruins. é chorar na
frente dos outros. é enfrentar as crises
de ansiedade. é não culpar os outros por
coisas que você deixou de fazer.

é reconhecer quando um amor morre
e avisar aos envolvidos para que não se
relacionem com os fantasmas que não
respondem de volta quando escutam
"eu amo você".

# cacto *(s.m.)*

é o que você chamava de suculenta e guardava na sala da casa da sua tia, perto da TV. é você, quando eu te conheci, com medo de abraçar desconhecidos e abrir seu coração para outra pessoa. é uma pessoa que não precisa de muita atenção para florescer (o que não significa que qualquer pessoa saiba dar o carinho necessário). é alguém que foge de amores intensos demais.

é a saudade que eu sinto de você. sempre que lembro, me machuco.

# espaço *(s.m.)*

é o que você pediu para mim quando não sabia o que sentia e para onde queria ir. é onde facilmente se encaixa algo que não estava ali antes. é uma distância que se não cuidada aumenta infinitamente feito as bordas do universo, e há controvérsias se espaço salva ou mata amores em crise.

é o que me fez sentir um astronauta à deriva no vazio, esperando pelo sinal luminoso da estrela que ele tanto amava.

# cometa *(s.m.)*

é um corpo viajando sozinho pelo vazio do universo. é um astronauta que perdeu o rumo de casa. é uma estrela que caiu do céu por acidente.

é um apaixonado voltando para a realidade ao ouvir "acho melhor a gente terminar". a queda é enorme.

# inércia *(s.f.)*

é quando uma amizade se sustenta apenas pela força do passado e pela comodidade. é um amor estagnado que só se mantém em movimento pela obrigação. é a falta de reação de pessoas capazes de reagir.

é o estágio final de um sentimento prestes a desaparecer.

# sabiá *(s.m.)*

é quem sabe das coisas. é quem sabe
voar, sabe amar e sabe bem o que quer.
é ele que sabe quem passa na rua, sabe
das folhas que caem e sabe dos olhares
que trocamos eu e você. é quem sabe da
gente, sabe dos sábados, sabe da nossa
horta na minha cozinha, sabe das suas
roupas no meu armário e sabe da chuva
que não chega.

é um coração passarinho que sabe que eu
te amo e canta toda manhã pra te lembrar.

# metáfora *(s.f.)*

é quando mãos se tornam laços, olhos
viram testemunhas e bocas viram
beijos. é quando suas pupilas se tornam
lar, seu nome vira uma direção, e seu
toque, uma declaração.

é quando abraços se tornam promessas,
corações viram álibis e o amor, uma
pessoa (você).

# agradecimentos

Muito obrigado, Matilda, por ter entrado na minha vida naquela sexta-feira em março de dois mil e dezesseis. Eu não fazia ideia de que aquela garota dois anos mais velha, de cabelo cor-de-algodão-doce, tímida e apaixonada por plantas, faria meu mundo virar de cabeça para baixo. Quem pensaria que eu faria para você o primeiro ressignificado? "Interesse é aquilo que eu sinto pela cor do seu cabelo, por cada tatuagem no seu corpo e pelo timbre da sua voz."

Apesar de tudo, esse amor é um ciclo encerrado. E eu me orgulho de te ver vivendo seus sonhos. Acho que nunca te falei isso, mas obrigado por todo o amor e toda a poesia.

Agradeço também aos meus melhores amigos que sustentam meus dias mais densos, secam minhas lágrimas e abrem meus olhos quando eu os fecho por medo. Apesar dos implacáveis efeitos do tempo e da distância, nem um pequeno fragmento dos nossos laços se desfez. Nossos nós são firmes, feitos de sentimentos verdadeiros, respeito e imunes aos efeitos do relógio.

Afinal, sabíamos que o mundo não seria para sempre a nossa escola e que os encontros diários deixariam de acontecer; sabíamos que novos amigos apareceriam pelos caminhos da vida, outras cidades gritariam por nossos nomes e as responsabilidades ocupariam mais tempo do que gostaríamos. Mas nada mudou e nunca vai mudar. Nossas existências foram costuradas no mesmo tecido terreno há muito tempo.

Eu amo vocês e eu sempre vou amar, não importa quantos quilômetros ou meses separem nossos abraços. Obrigado por me manterem de pé.

Obrigado, Gabriela, pelas músicas, pelas chamadas de vídeo de cinco horas e por me ajudar a descobrir palavras novas.

Obrigado, meu querido amigo, ex-editor e parceiro Bruno Porto. Agradeço à literatura por unir nossos caminhos. Você viu o "akapoeta" crescer bem na frente dos seus olhos e aposto que deve se orgulhar, mas saiba que é o João que se orgulha do Bruno, todos os dias. Agradeço por cada conselho que você

não precisava ter dado, por atender minhas
ligações mesmo sabendo o quanto você odeia
falar ao telefone e ter tido paciência com meus
ciclos do sono.

Obrigado, Julia Schwarcz, querida editora, por
comprar minhas ideias malucas e teimosas,
mas cheias de sentimentos sinceros. Obrigado,
Quezia Cleto, pela paciência e carinho. E
obrigado a cada pessoa que trabalhou neste
livro em um momento tão difícil.

E não poderia deixar de agradecer à minha
família, especialmente à minha querida mãe e
todo o seu jeito sensível e capaz de confortar; ao
meu incrível pai, o homem com o coração mais
apaixonado que eu conheço, sempre firme e
disposto a não me deixar cair; ao meu pequeno
irmão, o garoto por quem eu daria meu mundo
inteiro sem pensar duas vezes; e ao meu grande
padrasto, por toda a sua visão e parceria.

TIPOGRAFIA  Warnock Pro e Amerigo BT
DIAGRAMAÇÃO  Estúdio Bogotá
PAPEL  Pólen Bold, Suzano S.A.
IMPRESSÃO  Gráfica Bartira, janeiro de 2021

A marca FSC® é a garantia de que a madeira utilizada na fabricação do papel deste livro provém de florestas que foram gerenciadas de maneira ambientalmente correta, socialmente justa e economicamente viável, além de outras fontes de origem controlada.